AF331458

MAGASIN THÉATRAL

PIÈCES NOUVELLES

JOUÉES SUR TOUS LES THÉÂTRES DE PARIS.

THÉATRE DE L'AMBIGU-COMIQUE.

Ah ! que les plaisirs sont doux !

Vaudeville en un acte, de M. L. JUDICIS.

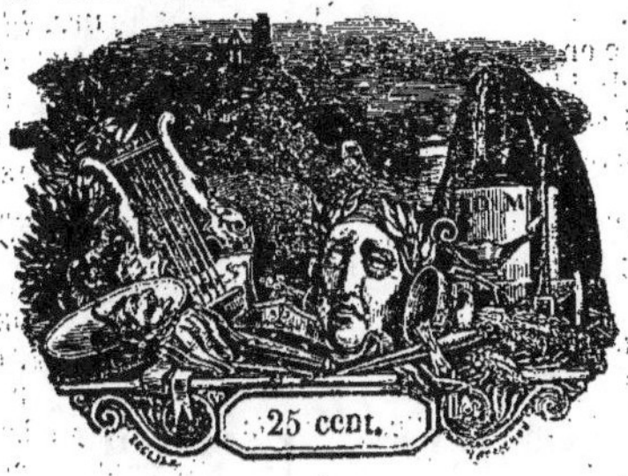

PARIS.

ADMINISTRATION DE LIBRAIRIE THÉATRALE,
Boulevart Saint-Martin, 12.
ANCIENNE MAISON MARCHANT,
1850

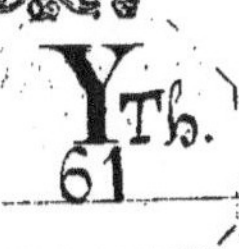
Y Th.
61

MAGASIN THEATRAL

Pièces à 25 Centimes.

L'APPRENTI, ou l'Art de faire une Maîtresse, vaudeville en 1 acte.

ATAR-GULL, drame en 5 actes.

L'AUBERGE DE LA MADONE, drame en 5 actes.

L'AUMONIER DU RÉGIMENT, vaudeville 1 acte.

LA BERLINE DE L'ÉMIGRÉ, drame en 5 actes.

LES BRIGANDS DE LA LOIRE, drame en 5 actes

LA BICHE AU BOIS, féerie.

LE CABARET DE LUSTUCRU, vaudeville 1 acte.

CHEVAL DE BRONZE, opéra-comique de Scribe.

LES CHAUFFEURS, drame en 5 actes.

CHRISTOPHE LE SUÉDOIS, drame en 5 actes.

LE CHATEAU DE VERNEUIL, drame en 5 actes.

LE CHATEAU DE SAINT-GERMAIN, drame 5 actes.

LE CHEF-D'OEUVRE INCONNU, drame en un act.

LES CHIENS DU MONT SAINT-BERNARD.

CROMWELL ET CHARLES 1er, drame en 5 actes.

LE COMMIS ET LA GRISETTE, vaud. 1 acte.

LES DEUX DIVORCES, vaudeville en un acte.

LA DEMOISELLE MAJEURE, vaudeville en 1 acte.

LA DOT DE SUZETTE, drame en 5 actes.

LE DOIGT DE DIEU, drame en un acte.

LA DUCHESSE DE LA VAUBALIÈRE, drame 5 actes.

LA DERNIÈRE NUIT D'ANDRÉ CHÉNIER, monologue en un acte.

L'ÉCLAT DE RIRE, drame en 3 actes.

LES ENFANTS D'ÉDOUARD, par Casimir Delavigne.

LES ENFANTS DE TROUPE, vaudeville en 2 actes.

LES ENFANTS DU DÉLIRE, vaudev. en 1 acte.

ESTELLE, comédie, par Scribe.

ÊTRE AIMÉ OU MOURIR, idem.

EULALIE GRANGER, drame en 5 actes.

LES ENRAGÉES, vaudeville en 1 acte.

EN SIBÉRIE, drame en 3 actes.

LA FAMILLE MORONVAL, drame en 5 actes.

LA FAMILLE DU FUMISTE, vaudeville en 2 actes.

FABIO LE NOVICE, drame en 5 actes.

LE FILS DE LA FOLLE, drame en 5 actes, par Frédéric Soulié.

LA FILLE DE L'AVARE, comédie-vaud. 2 actes.

LA FILLE DE L'AIR, féerie en 3 actes 11 tabl.

LES FILETS DE SAINT-CLOUD, drame en 5 act.

FRANÇOIS JAFFIER, drame en 5 actes.

FRÉTILLON, comédie-vaudeville en 3 actes.

LA FIOLE DE CAGLIOSTRO, vaudeville en 1 acte.

FORTE-SPADA, drame en 5 actes.

LE GABS, drame en 5 actes.

GASPARD HAUSER, drame en 5 actes.

LA GAZETTE DES TRIBUNAUX, vaud. 1 acte.

GENEVIÈVE DE BRABANT, mélodrame 4 actes.

HALIFAX, comédie 3 actes, par Alex. Dumas.

L'HONNEUR DANS LE CRIME, drame en 5 actes.

L'HONNEUR DE MA MÈRE, drame en 3 actes.

INDIANA, drame en 5 actes.

LES IMPRESSIONS DE VOYAGE, vaud. 2 actes.

JACQUES LE CORSAIRE, drame en 5 actes.

JACQUES COEUR, idem.

JEANNE DE FLANDRE, drame en 5 actes.

JEANNE DE NAPLES, idem.

JEANNE HACHETTE, drame en 5 actes.

JE SERAI COMÉDIEN, comédie en un acte.

LESTOCQ, opéra-comique en 3 actes, par Scribe.

LA LECTRICE, comédie-vaudeville en 2 actes.

LÉON, drame en 5 actes.

LUCIO, drame en 5 actes.

MARINO FALIERO, tragédie en 5 actes, par Casimir Delavigne.

LE MARI DE LA VEUVE, comédie en un acte, par Alex. Dumas.

MARIE, comédie en 5 actes, par Mme Ancelot.

MARGUERITE D'YORK, drame en 5 actes.

LE MARCHÉ DE SAINT-PIERRE, idem.

MARGUERITE DE QUÉLUS, idem.

MARGUERITE FORTIER, idem.

MARGUERITE, vaud. en 3 actes, par Mme Ancelot.

MATHIAS L'INVALIDE, com.-vaudeville 2 actes.

MADAME ET MONSIEUR PINCHON, vaud. 1 acte.

MARCEL, drame en 5 actes.

LA MAITRESSE DE LANGUES, vaudeville en 1 acte.

LA MARQUISE DE SENNETERRE, comédie 5 actes.

MATHILDE ou la Jalousie, comédie-vaud. 2 actes.

MONSIEUR ET MADAME GALOCHARD, vaud. 1 acte.

LES MILLE ET UNE NUITS, féerie 3 actes 16 tabl.

MURAT, drame en 5 actes et 16 tableaux.

LE MARI DE LA DAME DE CHOEURS, vaud. 2 actes.

LA MARQUISE DE PRÉTINTAILLE, vaud. 1 acte.

LE NAUFRAGE DE LA MÉDUSE, drame en 5 actes.

L'OFFICIER BLEU, drame en 5 actes.

LES ORPHELINS D'ANVERS, idem.

PAUL ET VIRGINIE, drame en 5 actes.

PARIS LA NUIT, idem.

PAMÉLA GIRAUD, drame en 5 actes, par Balzac.

LE PAYSAN DES ALPES, drame en 5 actes.

PAUVRE FILLE, idem.

PARIS LE BOHÉMIEN, idem.

PASCAL ET CHAMBORD, com.-vaud. en 2 actes.

LA PLAINE DE GRENELLE, drame en 5 actes.

LA PENSIONNAIRE MARIÉE, vaud. en 2 a. Scribe.

LE PERRUQUIER DE L'EMPEREUR, drame en 5 act.

PIERRE LEROUGE, com.-vaud. en 2 actes.

LES PILULES DU DIABLE, féerie en 18 tableaux.

LES PETITES MISÈRES DE LA VIE HUMAINE, vaudeville en 1 acte.

LE PRINCE EUGÈNE ET L'IMPÉRATRICE JOSÉPHINE, drame en 10 tableaux.

LES PRUSSIENS EN LORRAINE, drame en 5 act.

QUI SE RESSEMBLE SE GÊNE, vaudev. en 1 acte.

QUAND L'AMOUR S'EN VA, vaudev. en 1 acte.

RENAUDIN DE CAEN, comédie en 2 actes.

RICHE ET PAUVRE, drame en 5 actes, par Émile Souvestre

ROMÉO ET JULIETTE, par Frédéric Soulié.

SANS NOM, folie-vaudeville en 1 acte.

LA SALPÊTRIÈRE, drame en 5 actes.

AH! QUE LES PLAISIRS SONT DOUX!

VAUDEVILLE EN UN ACTE,

PAR M. LOUIS JUDICIS,

REPRÉSENTÉ, POUR LA PREMIÈRE FOIS, A PARIS, SUR LE THÉATRE DE L'AMBIGU-COMIQUE,
LE 27 AVRIL 1850,

PATOUILLARD, médecin .... MM. Coquet.
RAPHAEL, son ami .... Francisque.
GOULU, domestique de Raphaël................................. Bousquet.
ÉMILIE, femme de Patouillard................................. Mmes Bousquet.
NICOLE, servante... Mésanges.

La scène se passe à Nantes.

Les personnages sont placés en tête de chaque scène comme ils doivent l'être sur le théâtre. Le premier inscrit tient toujours la gauche du spectateur et ainsi de suite. Les changements survenus dans le courant des scènes sont marqués par des notes au bas des pages.

Une salle à manger. — Portes latérales. — Celle qui s'ouvre à gauche de l'acteur communique avec le dehors. — Celle de droite conduit à l'appartement d'Émilie. — Au fond, sous la fenêtre, un grand buffet. — A droite, un guéridon. — Près de ce guéridon, une petite table à ouvrage sur laquelle est placé un encrier muni de plumes. — A gauche, une table et une étagère appliquée contre le mur. — Un flambeau allumé sur la table de gauche et sur le guéridon.

SCENE PREMIÈRE.

NICOLE, *seule; elle met le couvert sur le guéridon.*

Neuf heures! dépêchons-nous!... le docteur Patouillard, mon maître, ne tardera pas à rentrer, et Dieu sait quel vacarme il ferait si son souper n'était pas prêt!... Est-il porté sur sa bouche, ce vieux-là!... (*Elle mange un biscuit.*) Quand il s'agit de spectacle ou de promenade, il fait quelquefois attendre sa femme, mais il ne fait jamais attendre un bon repas... Goulu, va!... (*Elle prend un second biscuit et se dispose à le porter à sa bouche.*)

SCENE II.

NICOLE, GOULU, *en petite livrée.*

GOULU, *entrant par la porte à gauche de l'acteur.* Présent! (*Il prend le biscuit et le mange.*)

NICOLE. Ah! que c'est bête! tu m'as fait peur!... Je vais me trouver mal!

GOULU. Vite! vite! des liqueurs, des spiritueux! des cordiaux!... (*Il remplit un verre de vin et l'avale.*) Ah!

NICOLE. Eh ben, dis donc! si c'est comme ça que tu me soignes?...

GOULU. Que veux-tu!... l'émotion...

NICOLE. Que viens-tu faire ici, après huit jours d'absence? et pourquoi reviens-tu?

GOULU. Pourquoi je reviens! ô âme de ma vie?...

AIR : *Il me faudra quitter l'empire.* (Renaudin de Caen.)

Pourquoi voit-on les rameaux du lierre,
Se cramponner aux plâtras des vieux murs?
Pourquoi la rouille meurtrière
S'attache-t-elle aux métaux les plus durs;
L'abeille aux fleurs, les frélons aux fruits mûrs?
Maint'nant passons à l'aimable caniche.

NICOLE.

Un chien! il devient fou, je crois?

GOULU.

Écout', Nicole, tu peux d'mander pourquoi
C't animal-là r'vient toujours à sa niche,

1850

Mais n' demand' pas pourquoi je r'viens à toi,
Faut-il te l' dir'? ma niche, à moi! c'est toi!
Il veut l'embrasser.

NICOLE. Finissez, monsieur, vous allez casser ma vaisselle.

GOULU. Que diable fais-tu là?

NICOLE. Tu le vois bien : je mets le couvert pour le souper de mon maître.

GOULU. Il soupe donc?

NICOLE. Tous les soirs.

GOULU. L'excellent homme!... Est-ce qu'il soupe seul?

NICOLE. Toujours... et pendant ce temps-là, madame s'ennuie, et elle a bien raison!... Un original, un vieil imbécile, qui du matin au soir ne parle que d'éther, de *Claire aux formes*, de magnétisme...

GOULU. De magnétisme!... Ah ça! décidément, on en fourre donc partout à cette heure?

NICOLE. Ne m'en parle pas... Tous les soirs il veut m'endormir en me faisant des singeries comme ça, (*elle imite les magnétiseurs*) et puis encore comme ça... Histoire de me faire jaser sans que je m'en doute.

GOULU. Cette pauvre Nicole!

NICOLE. Mais minute... on se tient sur ses gardes... Il y a des gens qui prennent ça pour de la science, mais moi qui le vois de près, je dis que c'est tout bonnement de la folie!

GOULU. Et c'est pour cela qu'il néglige ses devoirs d'époux? Quel dommage! une si jolie petite femme!

NICOLE. Voyez-vous ça!... Vous voudriez peut-être la distraire, vous?

GOULU. Pourquoi pas?

NICOLE. Avec ce physique-là?

GOULU. Ah! ne dites pas de mal de ce que j'ai de mieux!... A propos, je viens de changer de place.

NICOLE. Bah! tu as quitté ton marguillier?

GOULU. Je crois bien, on faisait maigre chez lui trois fois par semaine, et on y mangeait des haricots le reste du temps.

NICOLE. Quel tapage tu as dû faire!

GOULU. Oui, j'ai fait du bruit... on m'a flanqué à la porte.

NICOLE. Ce pauvre Goulu!

GOULU. Je suis entré il y a deux jours au service d'un médecin, un jeune homme charmant.

NICOLE. Un médecin? Je dois le connaître... Mon maître les reçoit tous, en sa qualité de doyen... Il s'appelle?...

GOULU. Raphaël Bernier.

NICOLE. Monsieur Bernier!... mais c'est l'ami de la maison... Il vient ici tous les jours.

GOULU. Bah!

NICOLE. Oui, oui, c'est l'élève et l'ami de monsieur; mais entre nous je crois qu'il aimerait mieux être l'ami de madame, et qu'il n'attend qu'une occasion favorable.

GOULU, *à part.* Occasion que je ferai naître aujourd'hui, je l'espère. (*Haut.*) Chut!... respectons les secrets conjugaux... Dieu! que ce faisan a bonne mine, et que cette bouteille a l'air vénérable!

NICOLE. C'est du bordeaux... Mon maître l'aime beaucoup.

GOULU. Il n'est pas dégoûté! du bordeaux!... Peste! l'eau m'en vient à la bouche. (*Nicole débouche la bouteille.*) La bouteille est débouchée; laisse-moi respirer l'arôme... Ah! c'est enivrant! (*Il lève le coude.*)

NICOLE. Eh ben, eh ben, que fais-tu donc?

GOULU. Je t'aime! (*Il veut boire.*)

NICOLE, *cherchant à lui arracher la bouteille.* Lâchez cette bouteille!

GOULU. Ah! Nicole, si tu voulais... (*Il veut boire.*)

NICOLE. Lâche cette bouteille, te dis-je. (*Elle lui retire la bouteille.*)

GOULU. Nicole, ton amour, un verre de bordeaux, un baiser et une cuisse de ce faisan me rendraient le plus heureux des hommes!

NICOLE. Rien! rien! rien!... tu n'auras rien!...

GOULU. Il me faudra donc mourir de douleur... et de faim?... (*A part.*) Eh bien, non! je n'aurai pas la lâcheté d'abandonner ainsi la plus jolie soubrette et le plus fin souper!... Que faire?... Ah! j'y suis... servir à la fois mon maître, mon amour et mon appétit... Oui, c'est une idée.

NICOLE. Qu'as-tu donc?

GOULU. Rien... Ton maître est-il bien dévoué à ses malades?

NICOLE. C'est sa seule qualité.

GOULU. Serait-il capable de renoncer à un bon souper pour sauver un ami mourant?

NICOLE. Je le crois... mais je ne l'affirmerais pas.

GOULU. A-t-il un ami?

NICOLE. Un seul.

GOULU. Qui s'appelle?

NICOLE. Monsieur Planchet.

GOULU. Que fait-il? où est-il?

NICOLE. Il est notaire à Savenay.

GOULU. Bon!

NICOLE. Que veux-tu faire?

GOULU. Tu le sauras plus tard ; mais, quoi que tu voies, quoi qu'il arrive, retiens bien ta langue, car notre mariage et ta dot dépendent de la réussite de mon projet.

NICOLE. Mais explique-moi donc...

GOULU. Ah ! tu vois ! déjà ta langue ! (*On entend un bruit de voix du côté de la porte de gauche.*) Chut ! N'est-ce pas la voix de ton maître que j'entends ? Diable ! il est inutile qu'il me trouve ici.

NICOLE. Mais tu vas le rencontrer.

GOULU. Et la fenêtre, donc ? (*Il saute à cheval sur la fenêtre.*)

AIR : *Laissons là l'habit bourgeois.*
Adieu, Nicol' n'oubli' pas
Que ton p'tit Goulu t'adore.

NICOLE.
Va, tu préfères encore
Mes beefstacks à mes appas.

GOULU.
Quelle erreur ! qui, moi, gourmand !

NICOLE.
Mon cher, on sait d' tes nouvelles.

GOULU, *à part.*
Ma foi ! les ailes d'un faisan,
De l'amour val'nt bien les ailes,

ENSEMBLE.
GOULU.
Adieu, Nicol' n'oubli' pas
Que ton p'tit Goulu t'adore.
A part.
J' l'aim' bien, mais j' préfère encore
Ses beeftacks à ses appas.

NICOLE.
Va, mon cher j' n'oublierai pas
A quel point ton cœur m'adore,
J' sais qu' tu préfères encore
Mes beefstacks à mes appas.

Goulu saute par la fenêtre et disparaît.

SCÈNE III.

PATOUILLARD, RAPHAEL, *entrant par la porte de gauche.*

RAPHAEL. C'est impossible, docteur ! c'est impossible !...

PATOUILLARD. Impossible ! voilà le mot avec lequel on accueille toutes les idées nouvelles... Impossible !... Ah ! je donnerais dix ans de ma vie pour réussir dans l'expérience que je vais tenter demain ! J'attacherais mon nom à une découverte immortelle !... Nicole, dites à votre maîtresse que je l'attends pour lui donner le bonsoir. (*Nicole sort par la droite.*)

RAPHAEL, *à part.* * Enfin ! je vais donc la voir !

PATOUILLARD. Vous dites, mon ami ?

RAPHAEL. Moi ?... j'enviais votre bonheur.

* Raphaël, Patouillard.

PATOUILLARD, *lui serrant la main.* Digne ami ! il y a longtemps que j'ai remarqué votre assiduité, votre persévérance... Continuez, et grâce à mes leçons vous serez célèbre un jour, et moi je serai...

RAPHAEL. Vous le serez...

PATOUILLARD. Merci, mon digne ami... J'en accepte l'augure... Je sais combien vous m'êtes attaché, aussi je n'hésite pas à vous initier au secret de la découverte miraculeuse que je viens de faire, afin que si je meurs un jour, cette découverte ne soit pas perdue pour l'humanité... Ecoutez-moi.

RAPHAEL, *à part.* Allons, bon ! il va encore me parler chloroforme !... Et elle ne vient pas.

PATOUILLARD. Vous brûlez de posséder ce qui n'appartient encore qu'à moi seul.

RAPHAEL. Oh ! oui !

PATOUILLARD, *lui serrant la main.* Digne ami !... Ecoutez-moi... Comme je vous le disais, j'ai fait une découverte miraculeuse... L'éther, le chloroforme, les narcotiques les plus puissants sont dépassés. Jusqu'ici on n'a réussi qu'à endormir momentanément la douleur... Moi, j'ai trouvé le moyen de la transformer et d'en faire une source inépuisable de voluptés et de délices.

RAPHAEL, *distrait.* En vérité ?

PATOUILLARD, *prenant une bouteille sur l'étagère.* Quelques gouttes de cette liqueur que j'ai préparée ce matin et que je laisse refroidir dans cette bouteille, font tomber le malade dans un assoupissement profond... Dans cet état, la plus cruelle opération, loin de lui arracher des cris d'angoisse, provoque chez lui une gaieté inextinguible, des éclats de rire à briser les vitres.

RAPHAEL, *distrait.* Vous m'étonnez.

PATOUILLARD.
AIR : *Drinn, drinn.*
Venez demain chez un de mes malades,
Devant vos yeux, je tiens à l'amputer.
Ne craignez point ses cris, ses jérémiades,
Sous mon scalpel vous l'entendrez chanter :
Drinn ! drinn ! quel bonheur !
Ça m' chatouille !
Ça m' gazouille !
Drinn ! drinn ! quel bonheur !
Le charmant docteur !

RAPHAEL. C'est ravissant ! (*A part.*) Emilie ne vient pas !... Je ne la verrai pas encore ce soir. Ah ! ce supplice est horrible !

PATOUILLARD. Qu'avez-vous donc, mon digne ami ? Ah ! mon Dieu ! j'oublie qu'il est

* Patouillard, Raphaël.

tard... Vous avez besoin de repos, peut-être?
Rentrez chez vous, tenez-vous les pieds
chauds, couchez-vous et faites comme moi.

RAPHAEL. C'est mon plus ardent désir. (*A
part.*) Allons! je ne puis rester davantage.
(*Haut.*) A demain, mon cher maître, et
bonne chance! (*Au moment où il va sortir,
Émilie et Nicole entrent par la porte de
droite.*)

SCÈNE IV.

NICOLE, ÉMILIE, PATOUILLARD, RAPHAEL.

ÉMILIE, *à part.* Raphaël!...

PATOUILLARD. Ah! te voilà, ma bonne
amie. (*On entend frapper à la porte exté-
rieure de la maison.*) Qui est-ce donc?
Voyez, Nicole. (*Nicole sort.*)

RAPHAEL, *bas à Émilie, lui présentant une
lettre.* Prenez ce billet!

ÉMILIE, *lui montrant Patouillard qui
vient à eux.* Imprudent!... (*Raphaël cache
la lettre.*)

PATOUILLARD, *à Raphaël, en lui serrant
la main.* Adieu, adieu! mon cher Raphaël.
(*On entend la voix de Goulu au dehors;
pendant ce temps, Patouillard s'assied devant la table et se dispose à souper.—Émilie, après avoir jeté un dernier regard à
Raphaël, qui est resté sur le seuil de la porte
de gauche, prend un ouvrage de tapisserie et
s'assied près de son mari.*)

GOULU, *en dehors.* Mais laissez-moi donc,
la fille!... Je vous dis que c'est pressé!...
(*Il se précipite dans la chambre, suivi de
Nicole; il est vêtu en paysan. En passant
près de Raphaël, il lui dit à voix basse:*)
C'est moi!*

RAPHAEL, *bas à Goulu, lui donnant une
lettre.* Je n'ai pu lui parler. Si tu parviens
à lui remettre ce billet et à éloigner son
mari, il y a cinq cents francs pour toi.

GOULU, *bas.* C'est fait. Laisse-moi. (*Raphaël sort.*)

SCÈNE V.

ÉMILIE, PATOUILLARD, GOULU, NICOLE.

PATOUILLARD, *se retournant.* Eh bien,
qu'est-ce? que me veut-on?

GOULU. Pardon, excuse, messieurs, mesdames et la compagnie. C'est-y point ici que
demeure M. Patouillard, le donneur de mé-
decine?

* Emilie, Patouillard, Goulu, Raphaël.

PATOUILLARD. Oui, après?

GOULU. Un homme savant?

PATOUILLARD, *avec orgueil.* C'est moi.

GOULU. Gros, gras?

PATOUILLARD. C'est moi.

GOULU. Laid?

PATOUILLARD. Mais...

GOULU. Et qu'a l'air bête?

PATOUILLARD, *impatienté.* C'est moi,
vous dis-je. (*Se reprenant.*) C'est-à-dire...

GOULU, *riant.* Dieu! c'est-y ben votre
portrait!

PATOUILLARD. Quand tu auras fini de rire,
imbécile!

GOULU. Ah! ne vous mettez point en colère, je ne venons point vous demander de
l'argent... au contraire.

PATOUILLARD, *se levant.* Au contraire!..
parle, mon garçon.

GOULU. V'là la chose: Je m'appelle Champlouis, je suis de Savenay, à queu'ques lieues
d'ici. V'là qu'à ce matin, j'étions avec mon
père Barnabé Champlouis à rentrer du foin
dans la ferme de M. Planchet...

PATOUILLARD. Planchet le notaire?

GOULU, *jouant l'étonnement.* Tiens, vous
le connaissez?

PATOUILLARD. C'est mon meilleur ami!

GOULU. Tiens, tiens, tiens, comme ça se
trouve!... Un bien brave homme tout de
même... Enfin, pour en revenir à notre histoire, j'étions donc à rentrer du foin. Mon
père était grimpé en haut d'une échelle, et
je lui repassais les bottes de foin au bout de
ma fourche... comme ça. (*Il fait le geste et
touche le nez de Patouillard qui se recule vivement.*) Bon! ça allait bien, mais v'là la
fille à la mère Brigot qui passe au pied de
l'échelle... Alle me regarde en dessous, et
ma foi ça me fait un si drôle d'effet que je
ne savais plus ce que je faisais. (*Patouillard
veut se remettre à table, Goulu l'en empê-
che. — Ce jeu se répète plusieurs fois pendant la scène.*) Passe-moi une botte, Pierre,
que me crie mon père. J'allonge ma fourche tout en regardant la fille à la mère Brigot. V'là tout d'un coup que le père Champlouis crie comme si le diable l'emportait...
« Animal, queq' tu fais là? — Je pousse,
mon père, » que je lui réponds, tout en regardant la fille à la mère Brigot. (*Geste d'im-
patience de Patouillard.*) Et en effet, je
poussais de plus belle... « Arrête! gredin,
tu m'assassines! » que me crie mon père.
Je lève les yeux... et qu'est-ce que je vois,
monsieur?

PATOUILLARD. Qu'as-tu vu?

GOULU. Ah! monsieur, je le verrai toute

ma vie!... Pendant que je regardais la fille à
la mère Brigot, mon pauvre père s'était re-
tourné sur son échelle... Ce que je poussais
avec tant de force, monsieur, c'était lui!

PATOUILLARD. Comment?

GOULU, *pleurant, et s'essuyant les yeux
avec la serviette de Patouillard.* Oui, monsieur, j'enfonçais la fourche dans le sein qui
m'avait porté... Quand je dis le sein... c'é-
tait... mais c'est égal, ça devait lui faire bien du
mal, au père Champlouis, car il criait comme
un âne, papa.

PATOUILLARD, *lui reprenant sa serviette.*
Eh bien, qu'est-ce que tu veux de moi, avec
ton histoire interminable?

GOULU. Ce que je veux, monsieur, je veux
que vous lui donniez un remède pour le
guérir.

PATOUILLARD. Allons, soit... Une simple
piqûre, ce ne sera pas difficile. (*Il tire son
portefeuille de sa poche, s'assied à la table,
et écrit.*) Extrait de saturne, compresses,
diachylum.

GOULU. Ah! mon Dieu! notre papa n'ava-
lera jamais tout ça!

PATOUILLARD. Imbécile! C'est pour usage
extérieur.

GOULU. Ah! bon, c'est pour le postérieur.
Ah! à propos, monsieur le docteur, il faut
que je vous dise qu'il est arrivé un fameux
malheur à M. Planchet, votre ami.

PATOUILLARD. Que lui est-il donc arrivé?

GOULU. Ce matin, il est tombé dans sa cave
et s'est cassé la jambe.

ÉMILIE, *se levant vivement.* Grand Dieu!

PATOUILLARD, *de même.* Ah! mon Dieu!
que me dis-tu là? Planchet, mon pauvre
Planchet s'est cassé la jambe?

GOULU. Hélas! oui, monsieur, il souffre
comme un damné. C'est lui qui m'a envoyé
ici pour vous prier de l'aller voir tout de
suite.

PATOUILLARD. Imbécile, tu ne me le disais pas!

GOULU. Dam! j'ons pensé à notre papa,
d'abord.

PATOUILLARD, *à Nicole.* * Vite! vite! ma
trousse, mon chapeau!

ÉMILIE. Qu'allez-vous faire, mon ami?

PATOUILLARD. Partir à l'instant même pour
Savenay... Le bureau des voitures est à deux
pas... Ce pauvre Planchet... ce ne sera pas
grave, je l'espère. (*A Goulu.*) Tiens, mon
garçon, voilà ton ordonnance... Du reste,
j'irai voir le malade... si j'ai le temps. Nicole,
ferme bien les portes et fais bonne garde...

* Nicole, Emilie, Patouillard, Goulu.

je ne rentrerai que demain. (*Il met son chapeau et son manteau.*)

GOULU, *à part.* Bravo!

NICOLE, *à Patouillard, lui donnant sa
trousse qu'elle a prise sur l'étagère.* * Quoi!
monsieur, vous partez sans souper?

GOULU, *bas, la tirant par sa robe.* Tais-
toi, malheureuse!

NICOLE, *à part, le reconnaissant.* Goulu,
c'est Goulu!

PATOUILLARD, *à Émilie.* Allons, bonsoir,
ma bonne amie... Eclaire-moi, Nicole.

GOULU. Bonsoir à tout le monde, messieurs, mesdames et la compagnie.

ENSEMBLE.

Air: *Grand Dieu! quelle nouvelle.* (Philtre.)

GOULU.

Réussite complète,
Bien joué, sur ma foi!
Le souper, la soubrette,
Ce soir seront à moi.

NICOLE, *regardant Goulu.*

Qu'est-ce donc qu'il projette?
Demandez-moi pourquoi
Cette histoire si bête?
Il est fou, par ma foi!

ÉMILIE.

Une frayeur secrète
M'alarme malgré moi!
Ce départ m'inquiète
Et me remplit d'effroi.

PATOUILLARD, *tâtant ses poches.*

Ma trousse, ma lancette,
Ai-je bien tout sur moi?
Cet accident m'inquiète,
Je suis ému, je crois.

*Patouillard sort, précédé de Nicole qui a pris un flam-
beau allumé sur la table de gauche.*

GOULU, *sur le seuil, bas à Émilie.* Prenez
ce billet, madame.

ÉMILIE. Y pensez-vous?

GOULU. Prenez, au nom du ciel, il y va de
la vie de M. Raphaël, mon maître.

ÉMILIE. Grand Dieu! (*Comme elle hésite
encore, Goulu pose le billet sur la tablette
du buffet et sort.*)

SCÈNE VI.

ÉMILIE, *seule.*

Son audace me fait trembler! Que peut-
il m'écrire? (*Elle prend le billet et lit:*)
« Ce soir, à la nuit close, je m'intro-
duirai dans le jardin. Je frapperai trois
coups dans mes mains pour vous avertir
de ma présence. Si vous m'aimez, ouvrez la
porte qui conduit à votre appartement... Si

* Emilie, Patouillard, Nicole, Goulu.

vous ne répondez pas à mon signal, votre silence sera mon arrêt et je me tuerai sous vos yeux. »—(*Parlé.*) Grand Dieu! qu'ai-je lu! Ah! le malheureux! il est fou! Trahir tous mes devoirs... Oh! non, c'est impossible... Et pourtant je ne puis le laisser mourir. Que faire, mon Dieu! que faire?

SCÈNE VII.

ÉMILIE, NICOLE.

NICOLE, *son flambeau à la main.* Les v'là partis! j'ai barricadé la porte... nous pourrons dormir tranquilles. Madame n'a plus besoin de moi? Je tombe de sommeil.

ÉMILIE, *prenant le flambeau placé sur le guéridon.* Et moi aussi je suis très-fatiguée, je rentre chez moi... Ah! si vous entendez quelque bruit cette nuit, ne soyez pas peureuse, Nicole; la peur est contagieuse.

NICOLE. Moi, madame, j'entendrais crouler la maison que je ne bougerais pas de mon lit.

ÉMILIE. C'est bien, allez!

NICOLE. Bonne nuit, madame.

ÉMILIE. Bonne nuit. (*A part.*) Attendons le signal. (*Elles sortent toutes les deux, Emilie par la droite et Nicole par la gauche. Le théâtre est dans l'obscurité. On entend au dehors les aboiements d'un chien et des cris étouffés, la croisée est poussée vivement et la tête de Goulu paraît.*)

SCÈNE VIII.

GOULU, *seul. Il a quitté son déguisement et repris sa livrée.*

A bas, César, à bas! veux-tu lâcher prise, gredin?... Ah! enfin! Il m'a attaqué par derrière, le traître! mais à l'avenir, une bonne boulette... Me voilà donc dans la place, mon maître m'y suivra bientôt... Et les cinq cents francs qu'il m'a promis, si je parviens à lui ménager un tête-à-tête avec sa belle, sont à moi! (*Cherchant sur le buffet avec ses mains.*) Mon billet!... ah! il n'y est plus; j'en étais sûr! pourvu qu'on ne m'ait pas entendu... (*Il écoute.*) Non, tout est tranquille! ma ruse a réussi. Le docteur est parti sans souper... Nicole ne résistera pas à un assaut en règle, et puis la vue de ce faisan a ranimé en moi un appétit féroce. Son parfum m'attire comme le miel attire les mouches. Il est là, je le sens. (*Il rencontre le guéridon.*) O bienheureux Goulu! à table, et fêtons Bacchus, avant de fêter l'amour. (*Il s'assied à table.*) Eh bien! où donc est la respectable bouteille de bordeaux que j'ai aperçue tantôt?

Ah! la voilà! (*Il prend un flacon d'eau-de-vie.*) Non, c'est du Cognac! il aura son tour! (*Il prend la bouteille.*) Enfin! (*Il boit à longs traits, puis se met à manger.*) Dieu! que le faisan altère! (*Il boit encore.*) Je ne mangerai jamais tout ça... pourtant ce serait dommage de lui en laisser à ce vieux gourmand... et puis, comme dit le proverbe : « Il faut toujours garder une poire pour la soif! » (*Il coupe un morceau de faisan et le met dans sa poche.*)

AIR: *du Vert-galant.* (De M. Artus.)

Tout le jour buvons!
La nuit aimons!
Fine bouteille
Vaut maîtresse vermeille,
Tout le jour, buvons,
La nuit aimons,
Oui, caressons
Fillettes et flacons.
Caressons,
Joyeux lurons,
Fillettes et flacons!

Il se lève, la bouteille de Bordeaux d'une main, le flacon d'eau-de-vie de l'autre et s'avance en chancelant sur le devant de la scène.

L'amour, le vin, ô double ivresse!
Confondez-vous dans mon refrain.
Si je brûle pour ma maîtresse,
J'adore aussi le jus divin.

Il porte alternativement à sa bouche la bouteille et le flacon.

REPRISE DU REFRAIN.

Tout le jour buvons, etc.

Après avoir chanté, il secoue la bouteille et s'aperçoit qu'elle est vide.

Bouteille vide... image du néant! (*Il la remet sur le guéridon et boit l'eau-de-vie.*) Ah! ah! c'est drôle, j'y vois trouble! je crois, Dieu me pardonne, que... je m'endors avant d'avoir soupé... Ah! ah! que c'est bête!... (*Il tombe lourdement à terre et s'endort, le flacon d'eau-de-vie à la main.*)

SCENE IX.

ÉMILIE, GOULU, *endormi.*

ÉMILIE, *entrant avec précaution.* J'ai cru entendre du bruit dans le jardin... serait-ce déjà Raphaël?... Mais non, c'est impossible! Mon mari est à peine parti... voyons cependant. (*Elle se dirige vers la fenêtre et heurte du pied le corps de Goulu.*) Qu'est cela? (*Elle se baisse.*) Un homme! un homme étendu... sans mouvement! Grand Dieu! suis-je arrivée trop tard et le malheureux a-t-il exécuté son fatal dessein?.. Raphaël! Raphaël! Il ne répond pas!... ses mains sont glacées... son cœur ne bat plus... mort! ah! j'ai peur! (*Elle ouvre vivement la porte de gauche et appelle :*) Nicole!... Nicole!... Elle ne m'entend pas... Nicole! (*Elle secoue avec force un cordon de sonnette placé près de la porte.*)

NICOLE, *en dehors, d'une voix endormie.* Madame?

ÉMILIE. Viens! viens!

NICOLE. Moi, madame, je ne bougerais pas pour un empire.

ÉMILIE. Mais viens donc, malheureuse; ne vois-tu pas que je me meurs?

NICOLE, *paraissant en bonnet de nuit et en jupon.* Ah! mon Dieu! qu'y a-t-il donc?

SCÈNE X.

GOULU, EMILIE, NICOLE.

ÉMILIE. Nicole, tu ne me perdras pas... tu ne diras rien à mon mari?

NICOLE. Moi, madame, dire à votre vieux jaloux quelque chose qui pût vous perdre... J'aimerais mieux me couper la langue ; et pourtant j'y tiens.

ÉMILIE. Un jeune homme que tu connais, M. Raphael... m'a écrit ce soir.

NICOLE. M. Raphael?

ÉMILIE. Oui, il me demandait un rendez-vous en m'indiquant un signal et en mena-çant de se tuer, si je refusais de le recevoir.

NICOLE. Eh bien! madame.

ÉMILIE. Qu'aurais-tu fait à ma place?

NICOLE. Je lui aurais ouvert la porte, et plutôt deux fois qu'une.

ÉMILIE. J'attendais le signal... Lorsque tout à l'heure, j'ai cru entendre du bruit dans le jardin, je suis sortie de ma chambre, et là, près de cette fenêtre... j'ai trouvé...

NICOLE. Quoi donc, madame?

ÉMILIE. Un homme mort!

NICOLE. Dieu du ciel! que me dites vous là?...

ÉMILIE. Regarde... malgré l'obscurité, tu peux le voir d'ici *.

NICOLE. Ah! mon Dieu! j'ai des éblouis-sements dans les jarrets.

ÉMILIE. Sa main était froide... son cœur ne battait plus... Approche et vois toi-même.

* Goulu, Nicole, Émilie.

NICOLE. Venez avec moi, madame... Heu-reusement qu'il fait nuit et que je ne verrai pas son visage. Ça doit être effrayant le visage d'un mort. (*Elle touche le corps.*)

DUO.

AIR : *Mort! mort!* (Du fidèle Berger.)

ÉMILIE.

Mort!

NICOLE.

Mort!

ÉMILIE.

Mort!

NICOLE.

Mort!

ÉMILIE.

Mon désespoir est extrême!

NICOLE.

Ah! pauvre femme, elle l'aime!

ÉMILIE.

Mort!

NICOLE.

Mort!

ÉMILIE.

Mort!

Je ne puis le croire encor!

NICOLE.

Le pauvre jeune homme est mort!

ÉMILIE.

Pauvre Raphaël! il est mort!

NICOLE, *tâtant le corps.*

Est-il bien sûr qu'il soit mort?

ÉMILIE.

Ah! plains son malheureux sort!
Mort!

NICOLE.

Mort!

ÉMILIE.

Mort!

NICOLE.

Je ne puis le croire encor!

ÉMILIE.

Il est mort! il est mort!

NICOLE.

Hélas! il est bien mort!

ÉMILIE. Ah! ma pauvre Nicole, qu'allons-nous devenir?

NICOLE. Voyons, voyons, madame, ne vous désolez pas... Il y a peut-être un moyen de faire disparaître ce malheureux jeune homme... Tous les domestiques dorment dans la maison... la nuit est obscure... à nous deux nous pourrons porter ce corps jusqu'au bout du jardin... nous ouvrirons la petite porte qui donne sur la Loire... et...

ÉMILIE, *se reculant avec frayeur.* Je te comprends, mais jamais je n'aurai la force...

NICOLE. Allons, madame, il le faut... pour vous sauver!...

ÉMILIE *. Mon Dieu, donnez-moi du cou-

* Émilie, Goulu, Nicole.

rage !... (*Elles soulèvent le corps ; au même instant on entend frapper un coup dans la main... Elles s'arrêtent et se regardent avec anxiété. — On entend un second coup, puis un troisième. Elles laissent lourdement retomber le corps.*)

NICOLE. Avez-vous entendu, madame ?

ÉMILIE. C'est le signal, c'est Raphaël !... ô merci, mon Dieu ! Mais cet homme, quel est cet homme ? Vite, vite, de la lumière, Nicole.

NICOLE. Voici, madame, voici... (*Elle allume une bougie ; au même instant on entend frapper à la porte de la rue.*)

ÉMILIE. Qu'est cela ?

PATOUILLARD, *en dehors*. Ouvrez !... c'est moi !

ÉMILIE. Mon mari !... je suis perdue !

NICOLE. Au plus pressé d'abord... faisons disparaître ce corps... où le mettre ?... ah ! dans ce coffre... (*Elle s'approche avec sa bougie, reconnaît Goulu et éclate de rire.*) Que vois-je !... Goulu ! c'est Goulu !... Ah ! je devine maintenant.

ÉMILIE. Comment ?

NICOLE. Rassurez-vous, madame... il n'est pas mort, j'en suis sûre... il est ivre !... (*Prenant le flacon que Goulu tient à la main.*) En voici la preuve !

PATOUILLARD, *en dehors*. Ouvrez ! ouvrez !

NICOLE. Vite, aidez-moi, madame ! Dieu ! qu'il est lourd ! (*Elles le mettent dans le coffre.*) Maintenant, à l'autre ! Descendez au jardin... cachez monsieur Raphaël dans ma chambre... je les ferai fuir tous deux plus tard... Je vais ouvrir à monsieur, et l'amuser jusqu'à ce que vous soyez rentrée chez vous.

ÉMILIE. Mais...

ENSEMBLE.

AIR *des dettes criardes* (de M. Artus).

NICOLE.

Mon Dieu ! laissez-moi faire,
Allez-vous-en surtout !
Évitez sa colère,
Et je réponds de tout.

ÉMILIE.

Hélas ! que faut-il faire ?
Mon courage est à bout.
Désarme sa colère,
Sois prudente surtout.

Elle sort par la porte de droite.

SCÈNE XI.

PATOUILLARD, NICOLE.

PATOUILLARD, *en dehors*. Mais ouvrez donc !

NICOLE, *se penchant à la fenêtre, d'une voix traînante*. Qui est là ?

PATOUILLARD. C'est moi.

NICOLE. Qui vous ?

PATOUILLARD. Parbleu, moi, Patouillard !

NICOLE. Quel Patouillard ?

PATOUILLARD. Ah ! c'est trop fort ! c'est moi, ton maître ; ouvre, te dis-je !

NICOLE. Comment, c'est vous, monsieur ? à cette heure ?

PATOUILLARD. Mais ouvre donc !

NICOLE. Attendez... je vais passer un jupon !...

PATOUILLARD. Que la peste t'étouffe !... avec ton jupon !...

NICOLE. Il faut peut-être que j'aille en chemise. Là, me voilà... (*S'arrêtant.*) C'est bien vous au moins, monsieur, vous n'êtes pas un voleur ?

PATOUILLARD. Si tu ne m'ouvres pas.... je me ferai reconnaître d'une certaine manière !...

NICOLE, *à part*. Diable ! il est temps !... Voilà, monsieur, voilà !... (*Elle sort en courant par la porte de gauche. La scène reste vide un instant.*)

PATOUILLARD, *entrant brusquement.** Enfin !... Pourquoi as-tu tant tardé à m'ouvrir ?

NICOLE, *bâillant*. Dam', monsieur, vous m'aviez dit de faire bonne garde.... je dormais.

PATOUILLARD. C'est bon... laisse-moi...

NICOLE. Vous n'avez besoin de rien, monsieur ?

PATOUILLARD, *impatienté*. Non ! non ! non ! (*Il la pousse dehors.*)

SCÈNE XII.

PATOUILLARD, GOULU.

PATOUILLARD, *se promenant avec agitation*. Joué ! indignement joué ! dans quel but !... pourquoi ?.... par qui ?... je m'y perds ! Aussi, pourquoi diable ai-je ajouté foi aux balivernes de ce paysan ?... Je pars... j'abandonne mon souper et mon lit pour voler au secours de mon ami... et en arrivant au bureau des voitures, qu'est-ce que je trouve ?... mon ami Planchet, qui, le front souriant et les bras ouverts, me saute au cou... Malheureux ! et ta jambe ? m'écriai-je. Quelle jambe ? me répond-il. Parbleu ! quelle jambe ? lui dis-je, il me semble que tu n'en as pas trente-six : la jambe que tu t'es cassée ce matin... Moi ! je ne me suis

* Patouillard, Nicole.

rien cassé du tout! Là-dessus, je le regarde, je le palpe... rien! pour un vieillard, il était en très-bon état!... Il y a là-dessous quelque ruse ou quelque mensonge que j'éclaircirai demain... En attendant, puisque me voilà tranquillement chez moi, achevons notre souper... (*Il va à la table.*) Que vois-je! mon faisan dévoré... quel est l'animal qui s'est permis?... (*Se calmant.*) C'est le chat, sans doute... mais non! on a mangé sur cette table! ah! c'est trop fort, et mademoiselle Nicole... C'est encore une affaire que j'éclaircirai demain... mais je meurs de faim; cette course m'a aiguisé l'appétit... voyons, s'il ne reste rien dans ce buffet. (*Il ouvre le coffre.*) Ah! un pâté!... (*Il prend la casquette de Goulu.*) Il a une drôle de forme!... une casquette!... une casquette d'homme! (*Fouillant dans le coffre et amenant la jambe de Goulu.*) Une jambe!.... une jambe d'homme!... (*Tirant toujours.*) Un homme tout entier!... qu'est-ce que cela veut dire?... c'est un voleur, sans doute... agissons avec prudence... (*Il abat vivement le couvercle du buffet et s'assied dessus en donnant les signes de la plus grande frayeur.*) Et pas d'armes! Ah! mes pistolets!... (*Il descend avec précaution, met une chaise sur le buffet, va à la table de gauche, ouvre un tiroir et, dans sa précipitation, en tire une seringue qu'il brandit au-dessus de sa tête.*)

SCÈNE XIII.

NICOLE, PATOUILLARD, GOULU.

NICOLE, *entr'ouvrant la porte et regardant.* Ah! le pot aux roses est découvert!... (*Apercevant la seringue que Patouillard tient encore à la main.*) Qu'est-ce qu'il fait donc?... Ce n'est pas avec ça, toujours, qu'il lui brûlera la cervelle! (*Patouillard fait le geste d'armer un pistolet, s'aperçoit qu'il tient une seringue, la jette dans un coin, court au guéridon et en tire deux pistolets qu'il arme.*) Diable! il est temps de le sauver!... (*Elle prend sur l'étagère la bouteille que Patouillard a montrée à Raphaël, la vide par la fenêtre et la substitue au flacon qu'elle place sur la table de gauche.*)

AIR: *Vous partez à l'instant.* (La Grâce de Dieu, 4e acte.)

PATOUILLARD, *se dirigeant à pas de loup vers le buffet.* Attention!

NICOLE, *se glissant de meuble en meuble derrière lui.* Attention!

PATOUILLARD.
Il est temps!

NICOLE.
Il est temps!

PATOUILLARD.
Profitons!

NICOLE.
Profitons!

PATOUILLARD.
Des instants!

NICOLE.
Des instants!

PATOUILLARD.
Car je sens...

NICOLE.
Car il sent...

PATOUILLARD.
Tout mon cœur...

NICOLE.
Tout son cœur...

PATOUILLARD.
Palpiter...

NICOLE.
Palpiter...

PATOUILLARD.
De frayeur.

NICOLE.
De frayeur.

PATOUILLARD, *il jette la chaise à terre, ouvre le buffet et couche Goulu en joue.* Rends-toi, ou tu es mort!

NICOLE, *poussant un cri et lui saisissant les deux bras par derrière.* Ah!

PATOUILLARD. Hein? (*Il se retourne vivement en dirigeant ses pistolets sur Nicole.*)

NICOLE. Arrêtez, monsieur! il n'est pas coupable!

PATOUILLARD, *posant ses pistolets sur la table de gauche.* Pas coupable! comment le sais-tu?*

AIR: *Il faut avoir perdu l'esprit.*

NICOLE.
Daignez épargner ma pudeur...

PATOUILLARD.
Ta pudeur?...

NICOLE.
Cet aveu me coûte.

PATOUILLARD.
Tu connais ce voleur, sans doute?

NICOLE.
Monsieur, ce n'est pas un voleur.

PATOUILLARD.
Qu'est-ce donc?

NICOLE.
C'est...

PATOUILLARD.
Le temps s'écoule.

NICOLE.
Mon amant!

PATOUILLARD.
Je reste saisi.

* Nicole, Patouillard, Goulu.

NICOLE, *prenant le bras de Goulu.*
Voyez, il a la chair de poule !

PATOUILLARD.

C'est donc un amoureux transi !

Mais quel est-donc ce misérable! ce Lacenaire !

NICOLE. C'est Goulu.

PATOUILLARD. Goulu !... Mais pourquoi ne sort-il pas de sa caverne ? qu'il vienne... l'anthropophage !... qu'il paraisse devant moi !

NICOLE. C'est impossible, monsieur.

PATOUILLARD, *saisissant une chaise et la brandissant au-dessus du buffet.* Comment impossible ! je le forcerai bien !...

NICOLE, *jouant le désespoir.* Ah! monsieur, que le ciel vous entende ! quant à moi, j'ai tout fait pour le rappeler à la vie...

PATOUILLARD. Le rappeler à la vie ! mais il est donc mort ?

NICOLE. Hélas! monsieur !... il n'en vaut guère mieux !

PATOUILLARD. Explique-toi !

NICOLE. Voilà, monsieur: après votre départ, ce pauvre Goulu est venu. Il n'avait rien mangé de la journée... il y avait là sur cette table... un faisan...

PATOUILLARD, *avec indignation.* Mon faisan !

NICOLE. Oui, monsieur, votre faisan... Ce pauvre Goulu, dans son trouble, en mangea un petit morceau.

PATOUILLARD. Un petit morceau ! il n'a laissé que les pattes...

NICOLE. Mais il était si faible qu'il ne pouvait avaler... alors je lui versai un verre de vin... Ah! monsieur, à peine l'eut-il bu, qu'il tomba à la renverse sans pousser un cri...

PATOUILLARD. C'est singulier... très-singulier... Donne-moi la chandelle que je l'examine... Rien... aucun mouvement!... Diable! Diable ! ceci devient grave !

NICOLE, *jouant la frayeur.* Ah! mon Dieu! monsieur... est-ce qu'il est mort ?[*]

PATOUILLARD. J'en ai peur! Donne-moi le miroir. (*Nicole lui donne un miroir placé sur l'étagère.*) Ah!... il respire... mais l'insensibilité est complète... C'est singulier ! très-singulier ! quelle peut être la cause de cette subite et profonde léthargie ?

NICOLE, *se frappant le front comme s'il venait de lui naître une idée.* Ah! peut-être y avait-il quelque chose dans le vin qu'il a bu ?

PATOUILLARD. Donne-moi la bouteille. (*Nicole lui donne la bouteille qu'elle a vidée par la fenêtre et déposée près du buffet.*)

Grand Dieu! il a bu ce que contenait cette bouteille?

NICOLE. Oui, monsieur.

PATOUILLARD. Tu en est sûre?

NICOLE. Oui, monsieur, bien sûre puisqu'elle est vide.

PATOUILLARD, *sautant de joie.* Embrasse-moi, Nicole, je suis le plus heureux des hommes !

NICOLE, *se reculant.* [*] Ah! mon Dieu! monsieur, qu'est-ce qui vous prend donc?

PATOUILLARD. Réveille tout le monde, Nicole; je cours chercher mon ami Raphaël ; je veux qu'il soit témoin du succès de mon expérience !

NICOLE. Votre expérience! que voulez-vous dire?

PATOUILLARD. Rien! rien! tu ne me comprendrais pas... Va réveiller ma femme, moi je vais chercher Raphaël.

NICOLE, *à part, éclatant de rire.* Va, mon bonhomme ! va, cours le chercher !

PATOUILLARD, *sortant par la porte de gauche.* Quel bonheur! mon Dieu! quel bonheur!

SCÈNE XIV.

NICOLE, GOULU.

NICOLE. Quel bonheur, en effet, que M. Raphaël m'ait donné tout à l'heure le moyen de sauver ce pauvre Goulu, en flattant la manie du bonhomme! Mais il s'agit maintenant de réveiller Goulu et de le prévenir[**]. Goulu! écoute-moi. Il y va de ta vie !..

GOULU, *s'éveillant en sursaut.* Hein !... qu'est-ce? qu'y a-t-il ? j'ai soif !

NICOLE. Mon maître t'a découvert... il va revenir... si tu bouges... si tu fais un seul geste devant lui... en un mot, si tu ne fais pas le mort... tu es mort !

GOULU. Hein! pas de mauvaises plaisanteries.

NICOLE. Je ne plaisante pas... mon maître a composé une certaine drogue pour endormir ses malades et les rendre insensibles à la douleur... tu as bu de cette drogue...

GOULU. Miséricorde! je suis empoisonné !

NICOLE. Mais non, c'est une frime !

GOULU. Ah! que c'est bête de vous faire de de ces peurs-là !

NICOLE. Mon maître va revenir. Il est allé chercher M. Raphaël pour constater l'excellence de sa découverte; mais si tu n'es pas

[*] Patouillard, Goulu, Nicole.
[**] Goulu, Nicole.

complétement inanimé, il sera furieux et nous serons tous perdus.

GOULU. Je ferai le mort; mais, au moins laisse-moi sortir de là... je suis très-mal à mon aise.

NICOLE. C'est impossible! il faut qu'il te retrouve tel qu'il t'a laissé.

GOULU. Diable! c'est que je suis assis sur quelque chose d'humide.

NICOLE, *éclatant de rire*. C'est un fromage à la crême!

GOULU. Tu crois? (*Il porte la main à son derrière et goûte*.) C'est vrai!... il est excellent!

NICOLE. Quoi qu'il arrive! quoi qu'il te fasse, ne bouge pas. Maintenant, allons prévenir madame. (*Elle sort par la gauche*.)

GOULU, *seul*. Eh bien ! elle me laisse seul... J'ai bien envie de profiter de la circonstance... (*Il fait un mouvement pour sortir du coffre et rentre vivement en apercevant Nicole et Émilie.*) Les voilà... résignons-nous.

NICOLE, *rentrant par la gauche avec Émilie*. Vite, vite, madame... rentrez dans votre chambre... votre mari ne se doutera de rien.

ÉMILIE, *à part*. Ah! mon Dieu... quelle aventure!... (*Elle sort par la droite*.)

SCÈNE XV.

NICOLE, PATOUILLARD, GOULU, RAPHAEL, *puis* EMILIE.

PATOUILLARD, *entrant*. Fatalité! Raphaël n'était pas chez lui. (*Il se retourne et le voit.*) Ah! vous voici !

RAPHAEL. Oui; rentré chez moi à l'instant même j'ai appris que vous étiez venu me chercher.

PATOUILLARD. Je voulais vous instruire de mon bonheur... Mon expérience a réussi... Approchez, cher ami. (*Lui montrant Goulu.*) Voyez comme il dort.

RAPHAEL. En effet, il dort.

PATOUILLARD. Le sommeil est bien constaté, n'est-ce pas ?

NICOLE, *prenant une plume.** Attendez, monsieur... je veux voir s'il dort véritablement. (*Elle passe la plume sous le nez de Goulu.*)

GOULU, *faisant une effroyable grimace*. J'ai envie d'éternuer !

RAPHAEL, *bas à Goulu*. Silence.

NICOLE, *à Patouillard*. Il n'a pas bougé, monsieur.

* Patouillard, Nicole, Goulu, Raphaël.

PATOUILLARD. J'en étais sûr... mais cela ne suffit pas pour nous convaincre... Je voudrais pouvoir lui faire une opération...

GOULU *ouvrant un œil inquiet*. Une opération !

NICOLE. Mais vous lui ferez du mal !

PATOUILLARD, *avec exaltation*. Du mal !... erreur profonde !... Je vous certifie qu'il éprouvera une sensation délicieuse et que vous l'entendrez chanter lorsque l'instrument lui déchirera les chairs !

GOULU, *à part*. Corse ! va !

PATOUILLARD. Voyons ! qu'est-ce que je pourrais bien lui couper ?

NICOLE, *vivement*. Ah! monsieur, ne lui coupez rien, je vous en supplie!... Tenez, monsieur, je vais le piquer avec cette grosse épingle, cela suffira.

PATOUILLARD, *avec bonhomie*. Pique, ma fille, pique !

GOULU, *à part*. Elle va faire semblant.

NICOLE, *le piquant*. Allons ! chante !

GOULU. Aïe ! chienne !

RAPHAEL, *bas*. Chante!... c'est le moment.

GOULU, *chantant*.
Ah! que les plaisirs sont doux!
Quand on a des clous
Plantés...

Pendant qu'il chante, Émilie est rentrée en scène en évitant les regards de Raphaël qui la contemple avec amour.

TOUS.

AIR : *Vivent les pompiers.*

Ah! c'est merveilleux,
C'est prodigieux!
Par lui la douleur
Devient du bonheur.*

NICOLE. Mais, monsieur, est-ce que ce pauvre garçon va rester longtemps endormi ?

PATOUILLARD. Non. Je vais le mettre sous l'influence du fluide magnétique...

GOULU, *à part*. J'aime mieux ça !

PATOUILLARD. Et aussitôt que vous verrez ses membres s'agiter, ses paupières se soulever et sa poitrine se gonfler, vous l'entendrez parler... (*Goulu s'agite.*) Tenez ! que vous disais-je !... (*Goulu baille.*)

PATOUILLARD. Premier symptôme! (*Il fait des passes.*)

GOULU, *lentement*. Où suis-je ?

PATOUILLARD. Ecoutez ! écoutez ! (*Il recommence les passes. A chaque émission de fluide, Goulu bondit en contrefaisant d'une façon grotesque les mouvements des somnambules.*)

GOULU. Que m'est-il donc arrivé ? (*Sortant du buffet avec des poses tragiques.*) Il me semble que je sors de la tombe... il ne me reste aucun souvenir...

* Emilie, Nicole, Goulu, Patouillard, Raphaël.

PATOUILLARD, *à Raphael.* Hein ?

RAPHAEL, *l'embrassant.* O grand homme !

PATOUILLARD. Silence ! silence !

GOULU. Ah ! si, je me souviens que j'étais à une table bien servie... que je mangeais...

PATOUILLARD, *avec bonheur.* Mon faisan !

GOULU. Et que je buvais...

PATOUILLARD, *de même.* Ma potion !

GOULU. Lorsque tout à coup mes yeux se sont fermés et je suis tombé...

PATOUILLARD, *avançant une chaise sur laquelle Goulu se laisse tomber.* C'est cela ! c'est bien cela !

GOULU, *riant, à part.* Ah ! tu veux du magnétisme ! en voilà, mon bonhomme !

RAPHAEL, *tendant les bras à Patouillard.* O homme colossal ! permettez-moi...

PATOUILLARD, *le repoussant.* Assez ! assez ! (*Il recommence les passes.*)

GOULU. Alors a commencé pour moi le plus délicieux rêve :

Air *de la Savonnette impériale,* (Pilati.)

TOUS.

Dans cet état, un rêve !
Quel succès merveilleux !
Souviens-toi bien, achève.
Ce récit curieux,
C'est vraiment fabuleux,

GOULU. *Pendant l'ensemble, il a lentement monté sur la chaise comme poussé par les émissions de fluide que ne cesse de lui envoyer Patouillard.*

Une jeune et belle déesse
Vint vers moi d'un air amical ;
Elle avait l'œil plein de tendresse,
Le maintien chaste et virginal !

NICOLE, *avec modestie.*

C'était moi, sans doute.

PATOUILLARD.

Parle, je t'écoute,
Que fit cette divinité ?

RAPHAEL.

Que voulait cette beauté ?

GOULU.

Sa douce et blanche main qu'le benjoin parfume
Me chatouille le nez...

NICOLE, *à Patouillard.*

La plume !

PATOUILLARD, *à Raphael.*

Oui, c'est la plume, elle a raison !

GOULU.

Mollement couché sur un édredon...

NICOLE, *à Patouillard.*

Lef omage !..

GOULU.

Au bonheur j'abandonnais mon âme !
Quand tout à coup un superbe sultan !

NICOLE, *à Patouillard.*

Vous, monsieur.

GOULU.

M'apparaît et me dit : Mon enfant,
Sois le mari de cette dame !
Je veux qu'ici tu sois content.
Et je lui donne en dot sur mes économies...

NICOLE, *à Patouillard.*

Quoi, monsieur ?

GOULU.

Cinq rouleaux...

NICOLE.

Cinq rouleaux...

GOULU.

De cent roupies.

PATOUILLARD, *tournant le dos à Goulu.*
Ce sultan, sur mon âme, est un panier percé !

REPRISE DE L'ENSEMBLE.

Dans cet état, un rêve, etc.

NICOLE, *à Goulu.* Une dot de cinq cents roupies ! qu'est-ce que c'est que ça ?

GOULU, *obéissant à un geste de Patouillard.* C'est la monnaie du pays... comme qui dirait cinq cents francs de France.

NICOLE, *à Patouillard.* Cinq cents francs ! Comment, monsieur, vous lui avez promis...

PATOUILLARD, *faisant vivement le geste de réveiller Goulu.* Moi... je n'ai rien promis du tout ! (*Pendant ce jeu, Goulu feint de se réveiller et joue l'étonnement en regardant les personnages qui l'entourent.*)

RAPHAEL. * Pour l'amour de votre découverte, ô homme pyramidal ! je donne cette dot à Nicole.

PATOUILLARD. Digne ami ! (*A Goulu.*) Et moi, je te donne...

GOULU. Ah ! monsieur.

PATOUILLARD. Ma bénédiction !

GOULU, *à part.* Vieux cancre ! va !

PATOUILLARD,** *à Raphaël.* Eh bien, êtes-vous content ?

RAPHAEL, *se tournant vers Emilie qui évite ses regards.* Oui, je suis le plus heureux des hommes !

PATOUILLARD. Et moi, si la postérité est juste, je serai...

RAPHAEL, *lui pressant la main.* Vous l'êtes !

PATOUILLARD, *se jetant dans ses bras.* Digne ami !

CHOEUR.

Air *de Tremplin.* (De M. Artus.)

Honneur à la science
De l'illustre docteur !
Grâce à lui la souffrance
Deviendra du bonheur.

NICOLE, *au public.*

Air *du Verre.*

Souvent dit-on, la vérité,
De l'erreur emprunte l'image.
Quelquefois la réalité
De l'illusion se dégage.
Le plus sensé de nos projets
Commence par être un mensonge :
Nous avons rêvé le succès,
Ah ! messieurs n'est-ce donc qu'un songe !
Le rideau baisse sur la reprise du chœur.

* Emilie, Raphaël, Nicole, Patouillard, Goulu.
** Emilie, Raphaël, Patouillard, Nicole, Goulu.

FIN.

Typographie Dondey-Dupré, rue Saint-Louis 46, au Marais.

LES SEPT CHATEAUX DU DIABLE, féerie en 5 act.
LA SŒUR DU MULETIER, drame en 5 actes, par
   Bouchardy.
LES SEPT ENFANTS DE LARA, drame en 5 actes.
STELLA, ou la Forteresse du Mont des Géants,
   drame en 5 actes.
LA SONNETTE DE NUIT, folie vaudev., en 1 acte.
LA TACHE DE SANG, drame en 3 actes.
LA TRAITE DES NOIRS, drame en 5 actes.

LE TREMBLEMENT DE TERRE DE LA MARTINIQUE,
   drame en 5 actes.
LA TIRELIRE, vaudeville en 1 acte.
THOMAS MAUREVERT, idem.
UN CHANGEMENT DE MAIN, comédie en 2 actes.
UNE PASSION, vaudeville en 1 acte.
UNE VISION DU TASSE, monologue en 1 a. en vers.
VAUTRIN, drame en 5 actes, par Balzac.
LA VOISIN, drame en 3 actes.
LA VIE DE NAPOLÉON, récit en un acte.

CHEFS-D'ŒUVRE DU THÉATRE FRANÇAIS, A 25 CENTIMES.

ATHALIE, tragédie en 5 actes.
ANDROMAQUE, tragédie en 5 actes.
L'AVARE, comédie en 5 actes.
LE BARBIER DE SÉVILLE, comédie en 4 actes.
BRITANNICUS, tragédie en 5 actes.
CINNA, tragédie en 5 actes.
LE CID, tragédie en 5 actes.
LE DÉPIT AMOUREUX, comédie en 2 actes.
L'ÉCOLE DES FEMMES, comédie en 5 actes.
LES FOLIES AMOUREUSES, comédie en 3 actes.
HAMLET, tragédie en 5 actes.
LES HORACES, tragédie en 5 actes.
IPHIGÉNIE EN AULIDE, tragédie en 5 actes.

LE MARIAGE DE FIGARO, comédie en 5 actes.
MAHOMET, tragédie en 5 actes.
LA MORT DE CÉSAR, tragédie en 5 actes.
LE MISANTHROPE, comédie en 5 actes.
LA MÈRE COUPABLE, comédie en 3 actes.
MÉROPE, tragédie en 5 actes.
LA MÉTROMANIE, comédie en 5 actes.
LE MALADE IMAGINAIRE, comédie en 3 actes.
OTHELLO, tragédie en 5 actes.
PHÈDRE, tragédie en 5 actes.
POLYEUCTE, tragédie en 5 actes.
LE TARTUFE, comédie en 5 actes.
ZAIRE, tragédie en 5 actes.

PIÈCES A 50 CENTIMES.

L'ALCHIMISTE, drame 5 actes, par Alex. Dumas.
CALIGULA, tragédie en 5 actes, par Alex. Dumas.
CHAMBRE ARDENTE (la), 5 a. Bayard, Mélesville.
CHRISTINE A FONTAINEBLEAU, drame, par Fré-
   déric Soulié.
LE CANAL SAINT-MARTIN, drame en 5 actes, par
   Dupeuty et Cormon.
CHEVAUX DU CARROUSEL, drame en 5 actes, par
   Paul Foucher et Amboise.
LES DEMOISELLES DE SAINT-CYR, drame en
   5 actes, par Alex. Dumas.
DON JUAN DE MARANA, par Alexandre Dumas.
DIANE DE CHIVRY, drame, par Frédéric Soulié.
L'ÉLÈVE DE SAINT-CYR, drame en 5 actes.
LA FILLE DU RÉGENT, com. 5 actes, A. Dumas.
LOUISE BERNARD, dr. en 5 a., par Alex. Dumas.
LE LAIRD DE DUMBIKI, par Alex. Dumas.
LORENZINO, drame, par Alex. Dumas.
LA LESCOMBAT, drame en 5 actes.
MADELEINE, dr. 5 actes, A. Bourgeois et Albert.

LE MANOIR DE MONTLOUVIERS, drame 5 actes,
   par Rosier.
LA MAIN DROITE ET LA MAIN GAUCHE, drame en
   5 actes, par Léon Gozlan.
MADEMOISELLE DE LA FAILLE, drame en 5 actes,
   par A. Bourgeois et G. Lemoine.
NAPOLÉON BONAPARTE, drame en 6 actes, par
   Alex. Dumas.
LA NONNE SANGLANTE, drame en 5 actes, par
   A. Bourgeois et Maillan.
L'OUVRIER, drame en 5 actes, par Fréd. Soulié.
PAUL JONES, drame 5 actes, par Alex. Dumas.
PAUVRE MÈRE, dr. en 5 actes, F. Cornu, Auger.
LE PROSCRIT, drame en 5 a., par Fréd. Soulié.
RITA L'ESPAGNOLE, drame 5 actes, par Alboize
   et Paul Foucher.
UN MARIAGE SOUS LOUIS XV, comédie en 3 actes,
   par Alex. Dumas.
LA VÉNITIENNE, drame 5 actes, A. Bourgeois,

Pièces nouvelles.

A 50 CENTIMES.

LE CHEVALIER D'HARMENTAL, drame en 5 actes,
 par Alex. Dumas.

LA GUERRE DES FEMMES, dr. 5 actes, *idem.*

LE CONNÉTABLE DE BOURBON, drame en 5 actes.

LE COMTE HERMANN, dr. 5 actes, Alex. Dumas.

LE MOULIN DES TILLEULS, op.-com. en 1 acte.

BLANCHE ET BLANCHETTE, dr.-vaud. en 5 actes.

LES CHERCHEURS D'OR, drame en 5 actes.

LE PIED DE MOUTON, féerie.

BONAPARTE OU LES PREMIÈRES PAGES D'UNE
 GRANDE HISTOIRE, en 5 actes.

LES QUATRE COINS DE PARIS, vaud. en 4 actes,
 par Paul de Kock.

CAMILLE DESMOULINS, drame en 5 actes.

URBAIN GRANDIER, drame en 5 actes, par MM.
 Alex. Dumas et Aug. Maquet.

MONCK, ou le Sauveur de l'Angleterre, comédie
 historique en 5 actes.

DEUX ANGES OU MÈRE ET FILLE, c.-v. en 3 a.

A 25 CENTIMES.

LE CONGRÈS DE LA PAIX, vaudeville en 1 acte.

LE TREMBLEUR, comédie-vaudeville en 2 actes.

LA MORT DE GILBERT, monologue en vers.

UNE MAUVAISE NUIT EST BIENTOT PASSÉE,
 comédie-proverbe.

UNE BONNE FILLE, comédie-vaudeville en 1 acte.

LA FACTION DE M. LE CURÉ, vaudev. en 1 acte.

LA CHUTE DES FEUILLES, proverbe en 1 acte.

LE CACHEMIRE VERT, 1 acte, Alex. Dumas.

LA CUISINIÈRE BOURGEOISE, vaudeville en 2
 actes.

CAMILLE DESMOULINS, monologue dramatique.

LES CHERCHEUSES D'OR, folie-vaudeville.

L'AUBERGE DE SCHAWASBACH, pièce en 1 acte,
 par M. Alex. Dumas.

AH ! QUE LES PLAISIRS SONT DOUX ! vaudeville.

CHEZ LE MÊME ÉDITEUR.

Shakspeare. OEuvres complètes, traduction de BENJAMIN LAROCHE, deux volumes grand in-8°,
 à deux colonnes, avec gravures. . . . . 20 »

LE MÊME, sans gravures. . . . . 16 »

Schiller. OEuvres dramatiques, traduction de M. DE BARANTE, un grand volume in-8° à deux
 colonnes, avec gravures. . . . . 8 »

LE MÊME, sans gravures. . . . . 6 »

Picciola, par SAINTINE, édition illustrée par TONY JOHANNOT et NANTEUIL, un beau volume
 avec gravures et vignettes sur bois. . . . . 9 »

Galerie des Femmes de Walter Scott. Kepsake contenant les portraits des Héroïnes de
 Walter Scott, gravés sur acier par les premiers artistes anglais, avec texte par ALEX. DUMAS,
 F. SOULIÉ, JULES JANIN, E. SOUVESTRE, L. REYBAUD, MICHEL MASSON ; Mmes ANCELOT,
 TASTU, DESBORDES WALMORE, VOYARD, BELLOC et COLLET.

Un beau volume in-8°, imprimé avec luxe. . . . . 20 »

PARIS. — Imprimerie Dondey-Dupré, rue Saint-Louis, 46, au Marais.

BIBLIOTHEQUE NATIONALE DE FRANCE

3 7531 03241351 1

www.ingramcontent.com/pod-product-compliance
Lightning Source LLC
LaVergne TN
LVHW050244030726
842520LV00006B/2173